Michael Schneider
Blumen am Wegesrand

Gedichte, Geschichten und Bilder zum Freuen und Mut machen für jung und alt von 6 bis 96+

Blumen am Wegesrand

Gedichte, Geschichten und Bilder zum Freuen und Mut machen für jung und alt von 6 bis 96+

von

Michael Schneider

Bibliografische Information der Deutschen Nationalbibliothek:
Die Deutsche Nationalbibliothek verzeichnet diese Publikation in der Deutschen Nationalbibliografie; detaillierte bibliografische Daten sind im Internet über http://dnb.ddb.de abrufbar.

ISBN 978-3-86870-523-2

www.rediroma-verlag.de
17,95 Euro (D)

Inhaltsverzeichnis

VORWORT

Blumen am Wegesrand, ein eigenartiger Titel, nicht wahr? An unseren Asphalt- und Betonstraßen findet man sie eher selten. Wenn überhaupt, spricht man im schönsten Beamtendeutsch von Straßenbegleitgrün oder - im Volksmund - schlicht von Unkraut. Genauer hinzuschauen ist Quatsch, reine Zeitvergeudung, und die kann sich doch nun wirklich kein halbwegs normaler Mensch mehr leisten. So leben wir, rein kosten/nutzenorientiert, und lassen uns das so lange einreden, bis wir wirklich glauben, es müsse so sein. Gegen ein "vernünftiges" Leben ist natürlich nichts einzuwenden. Von Lust, Liebe, schönen Gedanken und vielem anderen allein kann kein Mensch leben. Doch ohne? ...!

Aber das Leben kennt keine Scheuklappen, ist mehr als nur Kosten/Nutzen-Orientierung. Was hinter dem Horizont ist, ist Realität, und diese existiert, ob wir sie wahrnehmen oder nicht. So auch die Blumen am Weg. Schauen wir uns doch das Straßenbegleitgrün einmal näher an, entdecken wir seine Blumen. Lassen wir uns darauf ein. Die Blumen brauchen uns nicht, sie leben in ihren eigenen Welten wie so vieles andere auch. Besuchen wir sie doch einmal. Es gibt so viele Welten in unserer Welt, die wir stets übersehen. Einige dieser Welten finden wir letztendlich in uns selbst. Und das ist gut so.

Dieses Buch ist mehr als nur eine Träumerei eines Träumers für Träumer, viel mehr! Es will und soll ein Augenöffner sein für Jung und Alt, Mut machen zum Querdenken und mit dem Herzen zu sehen. Denn wie heißt es im „Kleinen

Prinzen“ von Saint-Exupéry doch so schön: „Nur wer mit dem Herzen sieht, sieht richtig gut“.

Wenn Sie dieses Buch gelesen haben, gehen Sie los! Lassen Sie sich mit allen Sinnen auf diese unsere Welt ein! Zu diesen Sinnen zähle ich auch die Nase, den Zeichenblock, den Fotoapparat und gute Freunde! Lernen wir diese unsere Welt neu schätzen, erkennen wir auch, dass es sich lohnt, diese zu schützen, denn wir alle sind ja nicht das Ende der Fahnenstange!

In diesem Sinne wünsche ich viel Freude beim Lesen. Mein besonderer Tipp: Laut lesen, die Sprache klingen lassen!

Also, viel Freude und herzlichen Gruß

Ihr/Euer

Michael Schneider

Blumen und andere wichtige Dinge

Der Distelfink

Ich bin ein bunter Distelfink,
der jeden Morgen froh und flink
allein zu seiner Distel fliegt,
die stachelig am Wege liegt.

Die and`ren schelten mich `nen Narren,
sie schimpfen mich ein nie erwachs`nes Kind,
und weil ich nicht vor andrer Leute Karren
zu spannen bin, drum nennen sie mich blind.

Dabei kann ich sie ja durchaus verstehen,
sie, deren jeder stets `nem Ziel zufliegt.
Doch scheinen sie dabei zu übersehen
Das Leben, das im Distelsamen liegt.

Darum nun möchte ich Euch sagen:
Lacht nicht, wenn Ihr `nen bunten Stieglitz seht.
Lasst ihm die Hoffnung, zu bewahren
Die Freiheit, die durch Gottes Schöpfung weht.

Die Blume am Weg

Ich weiß eine Blume,
die steht am Weg.
Irgendwo.
Einfach so.
Und die Menschen,
die voll Hast vorüberfahren,
sehen sie nicht.
Sie hasten und jagen
und haben nie Zeit.
Sie kämpfen und rangeln
um`s tägliche Brot
und mehr.
Und doch ist da diese Blume.
Sie steht am Weg.
Irgendwo.
Einfach so.

Fips, der Wasserfloh

In einem Teiche, irgendwo,
lebte einst Fips, der Wasserfloh.
`Mal flöht` er hier, `mal flöht` er dort,
doch stets nur auf dem Wasser.
Er liebte beinah jeden Ort,
wenn es nur war ein nasser.

So flöht` er sich tagein tagaus
Gemächlich durch sein Leben.
Doch eines Tags tat – welch ein Graus –
Sich unter ihm `was regen.
Über den Teich nun weht es frisch,
und uns`ren Fips, den fraß ein Fisch.

Flirrendes Sonnenlicht

Über dem Wasser tanzen Sonnenstrahlen;
Wie ein Ballett, ein unsichtbares,
so wirbeln sie im leichten Wind.
Und es entsteht ein neues Licht,
ja, eine weitere, andere Welt.

Aus Gewissheit wird Vielleicht,
aus Bestimmtheit Ungefähr,
und jede klare Kontur
verliert ihre Unveränderbarkeit.
Die Suche nach klaren Kanten scheitert.

Betriebsamkeit hat keinen Platz.
Man taucht in eine Ruhe ein,
aus Unruhe entstanden.
Stille wird hörbar
Im Plätschern der Wellen am Ufer.

Wenn dann der Wind ganz einschläft,
und auch die Sonnenstrahlen müde werden,
treffen sich beide Welten
in der aufblühenden Dämmerung
zum gemeinsamen Nachtgebet.

Baum sein

Baum sein.
Auf festen Wurzeln
tief im Erdreich steh`n.
Doch Baum sein,
nicht nur Wurzeln!

Baum sein,
dessen große Krone
sich im Winde wiegt.
Doch Baum sein,
nicht nur Krone!

Baum sein,
dessen feste Rinde
manch einem Wetter widersteht.
Doch Baum sein,
nicht nur Rinde!

Baum sein,
aus dessen Früchten
stets wieder neues Leben wächst.
Doch Baum sein,
nicht nur Früchte.

Baum sein,
aus dessen Holz
man Bretter macht für Möbel wie für Särge.
Doch Baum sein,
nicht nur Holz.

Mensch sein.

Die Wolke

Beschreiben nur die kräft`gen Farben,
nur laute Töne diese Welt?
Bleibt denen wirklich nur das Darben,
denen man dieses vorenthält?

Würd` eine kleine Wolke fehlen,
so gäb` im Himmel es ein Loch.
Würd` Leben alle Leben zählen
Und fehlte eins, es merkt` es doch!

Murmeln

Im Lande Tirilirilu,
da hört` und sah ich Murmeln zu.
Es murmelte von spät bis früh
eine gar munt`re Melodie.

Da kam ein Herr Philister,
oder war's ein Minister?
War`s Meyer, Müller oder Schmidt?
Egal, man nahm sich Murmeln mit.

Als Nächstes kam ein Bach daher.
Auf seinem Langen Weg zum Meer
Wollt` er nicht ohne Murmeln sein.
Fiel ihm nicht ein.

Am Ende blieb nicht etwa Wind.
Nein, nein, des Weges kam ein – Kind!
Wollt` Murmeln,
wollt` Murmeln.

Dies` Liedchen nähert sich dem End`.
Der eine tut im Parlament,
der andere macht im kühlen Grund,
was aus des müden Kindes Mund

zu hören ist: Sie murmeln.

Die Zukunft

Die Zukunft scheint ein dunkles Loch
zu sein, und doch:
Beweisen, dass es kommt, so, wie erwartet,
kann nicht einer.
Gut so. Das heißt, ein kleiner
Raum für die Hoffnung bleibt.

Hoffnung zu haben ist zwar schwer,
doch hoffnungslos zu sein noch mehr!
Drum lasst uns leben und nicht warten
nur auf den Tod! In diesem Garten,
in dem wir leben,
blühen noch Blumen.

Zeiten

Morgenstimmung

Am Morgen, wenn die Sonnenstrahlen
Am Boden ihre Kreise malen,
wenn überall in Wald und Flur
langsam erwachet die Natur,
wenn auch die Tautropfen vergehen,
am Waldrand ein paar Rehe stehen,
lausch` in den Morgen ich hinein.
Und am Zaun hebt mein Hund das Bein.

Nacht-Menschen

Nächte sind Zeiten zwischen den Zeiten.
Sie sind nicht mehr und zugleich noch nicht.
Was war, ist dahin, kehrt nimmermehr wieder,
was kommen wird, weiß wohl gar niemand genau.
So sind auch wir Menschen von gestern geschieden,
nicht wissend, was morgen auf uns kommen mag.
Und so sind wir alle, wenn wir`s recht besehen,
Nacht-Menschen.

Der „andere“ Tag

Wenn der Tag all` seine Glut verloren
Und die Sonne den Westen erreicht,
wenn aus Dämmerung Ruhe geboren
und ein sanfter Wind durch die Bäume streicht,
hat der „andere“ Tag angefangen.

Wenn die Sonne noch einmal rot aufglühend
Einen letzten Gruß ihrem Bruder schickt,
der nun, auf ganz eigene Art erblühend,
mit gelbem Licht auf die Welt nieder blickt,
dann beginnt die Seele zu atmen.

Wenn im Osten die Nacht zu kommen beginnt,
und im Westen der untergehende Tag
in einem pastellart`gen Rot leis` versinkt,
wenn kaum ein Vogel noch singen mag,
dann verklingt er auch schon, der „andere“ Tag.

Natur

Der kleine Stichling

Es war einmal ein kleiner Stichling. Er lebte zusammen mit seinen drei Brüdern in einem kleinen Bach, der am Rand einer Wiese entlang floss.

Eines Tages beschlossen seine Brüder, in die weite Welt hinauszuziehen, und schwammen davon. Das verstand unser Stichling nun überhaupt nicht. Was konnte die weite Welt einem denn mehr bieten als der Bach? Konnte man als Stichling irgendwo anders den Tanz der Libellen über dem Wasser besser beobachten? Gab es anderswo noch klareres Wasser, das so schön prickelte, wenn man es sich durch die Kiemen laufen ließ? Und gab es denn wirklich Orte, an denen noch mehr köstliche Fliegenlarven ins Wasser fielen, die man ganz ungestört fressen konnte?

Unser kleiner Fisch jedenfalls blieb in seinem kleinen Stichlingsparadies und freute sich seines Lebens. Manchmal kitzelte er sogar Kühe beim Trinken mit der Schwanzflosse an der Nase, so dass diese großen Tiere ganz erschrocken niesen mussten. Doch bald wurde unser Stichling traurig. Selbst die besten Larven schmeckten ihm nicht mehr, und seine Bewegungen wurden immer matter. Er dachte: „Vielleicht wäre es besser, vom Storch oder vom Reiher in den Stichlingshimmel gebracht zu werden, als weiterhin so allein zu sein.“ Während er so seinen trübsinnigen Gedanken nachhing, schwamm er langsam weiter und weiter den Bach hinauf, vorbei an einem alten Zaun und unter einer recht morschen Holzbrücke hindurch. Schließlich erreichte er die Quelle des Baches. Dort sah er plötzlich ein Gesicht vor sich. Dieses Gesicht sprach ihn an und fragte: „Du kleiner Stichling, warum bist du so traurig?“ Unser Fisch bekam einen Riesenschrecken, drehte sich um und schwamm so schnell, wie er konnte, den Bach wieder hinab. Doch schon nach kurzer Zeit besann er sich und überlegte: „Eigentlich brauche ich doch keine Angst zu haben. Das Gesicht hat mich doch nur gefragt, warum ich so traurig bin. Kann mir dieses Gesicht vielleicht sogar helfen?“

Als der Stichling das gedacht hatte, drehte er sich kurz entschlossen um und schwamm vorsichtig zurück zur Quelle. Und richtig, das Gesicht wartete schon. „Da bist du ja wieder, kleiner trauriger Stichling,“ sagte es, „kann ich dir irgendwie helfen?“ „Wer bist du?“ wollte unser Stichling wissen. „Der Quellengeist bin ich,“ war die Antwort, „und nun sage mir endlich, warum du so traurig bist.“ „Weißt du, lieber Quellengeist,“ antwortete der kleine Fisch, „meine Brüder sind in die weite Welt hinausgezogen, und ich bin so allein. Darum bin ich so traurig.“ „Ach, da kann dir geholfen werden,“ sagte der Quellengeist. Dann stieß er einen leisen Pfiff aus, und sogleich erschien ein Bote der Wasserfloh-Post. Dieser erhielt folgenden Auftrag: „Such die Brüder dieses kleinen Stichlings. Sie sollen sofort nach Hause kommen.“ Der Wasserfloh schlug zwei Beine zusammen zum Zeichen, dass er verstanden hatte, und hüpfte davon. Dann sagte der Quellengeist zu unserem kleinen Fisch: „So, nun schwimme auch du nach Hause. Mehr kann ich nicht für dich tun.“

Der Stichling bedankte sich und tat, wie ihm geheißen. Und wirklich: Schon am nächsten Tag kamen seine Brüder langsam und müde den Bach herauf geschwommen. Sie waren sehr enttäuscht von der weiten Welt. Überall gab es nur Lärm und Schmutz. Futter war nur schwer zu fingen. Und hatte man wirklich einmal eine Mückenlarve entdeckt, so kam mit Sicherheit eine dicke Äsche und schnappte sie einem vor der Nase weg. Und dann diese Hechte, vor denen man nie sicher war. Nein, das hatten sich die drei wahrhaftig schöner vorgestellt! So waren sie froh, wieder in ihrem Bach vereint zu sein. Sie nahmen auch die alten Spiele wieder auf. Und wenn nicht der Storch oder der Reiher einen von ihnen in den Stichlingshimmel gebracht hat, dann leben sie auch heute noch glücklich und zufrieden in dem kleinen Bach am Rand der Wiese.

Sturmflut

Es war einmal ein düsterer Novembertag. Der Sturmvogel hatte den ganzen Sommer lang auf der faulen Haut gelegen und neue Kräfte gesammelt. Nun war er weit auf den großen Ozean hinausgeflogen, um dort jede Menge dicker weißer, grauer und schwarzer Wolkenhaufen zusammenzusuchen. Als er genug zusammen hatte, legte er sie bei einer großen Eisinsel im Nordmeer bereit. Dann holte er all` die vielen Wellenpferde von der Weide und aus den Ställen. Zuletzt rief er noch alle Fische, Wale und Delfine zu sich und gab ihnen seine Anweisungen. Nun war alles bereit.

Ein schriller Pfiff gellte weit über das einsame, graue Meer. Jetzt ging es los wie die wilde Jagd. Die Wellenpferde zeigten, was in ihnen steckte. Mit aller Kraft jagten sie los, dass ihre Gischtmähnen nur so flogen. Wo sie Land erreichten, türmten sie sich zu gewaltigen Brechern auf, die einander selbst dort noch zu überholen versuchten, und donnerten mit ohrenbetäubendem Getöse an die Deiche, so dass der Schaum sogar noch weit ins Land flog. Dicht über ihnen flog der Sturmvogel dahin, heulte in Bäumen, Schiffsmasten und um Häuserecken herum. Dazu warf er pausenlos gewaltige Wolkenhaufen vor sich her.

Eine ganz besondere Aufgabe hatten die Fische zu erfüllen: Als der Pfiff ertönte, schwammen sie so schnell, wie sie konnten, zu allen Ufern. An bestimmten Stellen dicht unter Land hielten sie an und klopften mit ihren Schwänzen in einem bestimmten Rhythmus auf den Grund. Von diesen Stellen aus führen nämlich ganz feine, unsichtbare Alarmleitungen zu den nächsten Regenwurm-Informationszentralen dicht hinter den Deichen. Der jeweils diensthabende Regenwurm gibt die Nachricht „Sturmflut“ sofort weiter an alle Pflanzenwichtel in dem betroffenen Gebiet. Diese rollen daraufhin die Blüten ihrer Schützlinge ein und treffen alle weiteren Vorbereitungen. Zusätzlich werden von den Graswichteln Sonderhilfstrupps gebildet, die bei Bedarf noch von den örtlichen Ameisendienststellen verstärkt werden. Die Aufgabe dieser Sonderhilfstrupps ist die Warnung der Tiere im betroffenen Gebiet. Das geht dann so vor sich: Jedes Tier hat – abgesehen von Fischen und Vögeln – eine Alarmstelle am Körper, meistens unter einer Fußsohle. Werden sie dort gekitzelt, so wissen sie, dass etwas passieren wird, und an der Art des Kitzeln erkennen sie Genaueres. Die Vögel wie Möwen, Elstern, Krähen und andere haben es einfacher, denen sagt der Sturmvogel im Vorbeifliegen selbst Bescheid. Dieses tolle Alarmsystem funktioniert übrigens ungeheuer schnell, und das ist auch gut so. Wer Bescheid weiß, kann sich rechtzeitig in Sicherheit bringen. Schließlich liest man oft genug, dass Vögel bis weit ins Inland fliegen, Hasen, Rehe, sogar Ratten und Mäuse bestimmte Gegenden verlassen und selbst Kühe, Schafe, Pferde und Schweine unruhig werden, wenn eine Sturmflut droht.

Ihr werdet jetzt fragen, warum die Graswichtel und Ameisen uns Menschen nicht auch gleich warnen. Das war früher tatsächlich einmal so. Da kletterten Graswichtel oder Ameisen durch Ritzen und Spalten in Wänden und Fußböden bis in unsere Schlafzimmer. Dort warteten sie auf vorbeikommende Traumclowns und gaben die Nachricht weiter. Die Traumclowns krochen dann nachts in unsere Ohren und warnten uns. Aber heute funktioniert das nicht mehr. Ritzen und Spalten in Wänden und Fußböden gibt es nicht mehr, Fahrstuhlfahren können weder Wichtel noch Ameisen, und leider haben nur allzu viele Menschen verlernt, die Traumclowns zu verstehen.

Ich glaube, wir alle sollten wieder versuchen, genauer hinzuhören, wenn die Traumclowns uns etwas erzählen. Dann verstehen wir auch, was uns die Tiere mit ihrem Verhalten sagen wollen, was die Mähne der Wellenpferde bedeutet und können uns besser darauf einstellen, wenn der Sturmvogel wieder einmal mächtig seine Flügel regt und das Wasser steigen lässt.

Die Quelle

Es war einmal ein warmer Hochsommertag. Der Sturmvogel hatte sich nach seiner anstrengenden Frühjahrsarbeit auf und davon gemacht und war über dem weiten Meer verschwunden. Die Sonne schien, und nur ganz vereinzelt trieben einige strahlend weiße Wolkenschiffe langsam über den blauen Himmelsozean. Es war schon einige Wochen her, dass zuletzt muntere Regentropfen auf den Blättern der Bäume am Ufer des kleinen Baches getanzt hatten.

Doch so sehr sich die Menschen auch über das warme, sonnige Hochsommerwetter freuten, so bedeutete es für die Wasserwichtel, die bekanntlich für die Wasserversorgung der Pflanzen zuständig sind, besonders viel Arbeit. Schließlich brauchen die Pflanzen ebenso wie die Tiere bei solchem Wetter mehr Wasser als sonst. Außerdem werden für die kleinen Helfer die Wege jeden Tag länger, weil das Wasser aus immer größeren Tiefen heraufgeholt werden muß. Selbst der kleine Bach, der aus dem nahegelegenen Wald kam und sich wie ein Regenwurm am Rand der Wiese entlang schlängelte, hatte kaum noch Wasser. Es wurde also Zeit, dass etwas geschah. Als am Mittag die Sonne ihren höchsten Stand erreicht hatte, war es dann auch wirklich so weit. Das Ober-Wasserwichtel einer alten Ulme kam aus der Erde und kletterte zur nächsten Wasserfloh-Poststation. Da kam auch schon ein Bote angehüpft. „Lauf sofort los bis zur Quelle, “ rief ihm das Wasserwichtel zu, „und sage unseren Freunden dort, wir brauchen unbedingt mehr Wasser!“ Der Wasserfloh schlug einmal heftig sein hinteres Beinpaar zusammen zum Zeichen, dass er verstanden hatte, und sprang davon.

Es dauerte etwa eine halbe Stunde, bis der Floh die Quelle erreicht hatte. Zwischendurch wäre er um ein Haar über einen Stichling gestolpert, der dicht unter der Wasseroberfläche schlief. Doch schließlich war unser Wasserfloh am Ziel und wurde seine Botschaft los. „So, so,“ sagte der Quellengeist, „ es ist also wieder einmal so weit. Na, dann wollen wir `mal.“ Sogleich wurden die für die Wasservorräte in den Tiefen des Waldbodens zuständigen Regenwürmer zusammengerufen.

Gemeinsam beschloss man, zunächst einmal ein Viertel der Vorräte zu nutzen und an die Quelle anzuschließen. Wenn man dann die stündliche Quellwassermenge verdoppelte, würden allein diese Vorräte für die nächsten drei Wochen ausreichen. In der Tiefe setzte jetzt eine große Betriebsamkeit ein. Ihr ahnt ja nicht, was alles getan werden muß, um eine Quelle stärker sprudeln zu lassen! Während die Regenwürmer zusammen mit den Wasserwichteln der Pflanzen aus der näheren Umgebung die Zuleitungen zu den Quellzuflüssen reinigten, kümmerten sich die ortsansässigen Waldameisen um die Belüftung. Und als die Sonne ihren Weg zum Horizont gerade vollendet hatte, war man so weit, dass der entscheidende Schritt getan werden konnte. Dazu wurde der Ortsmaulwurf gerufen. Dieser schwarze Herr war um Mitternacht an Ort und Stelle und räumte mit einigen kräftigen Bewegungen seiner Grabschaufeln die Pfropfen weg. Nun hatte das Wasser freie Bahn.

Als die Sonne am nächsten Morgen aufging und die Wasserwichtel erwachten, um sich erneut ihrer schweren Arbeit zu widmen, stellten sie fest, dass sich mittlerweile eine Menge verändert hatte: Der Bach floss wesentlich munterer als vorher, und die Wellenkinder erzählten wieder die uralten und zugleich immer wieder neuen Geschichten. Die Stichlinge, die in letzter Zeit viel geschlafen hatten, spielten wieder und machten Jagd auf Mückenlarven. Vor allem aber waren all` die Röhren und Kanäle, die die Wichtel mühsam ins Erdreich gegraben hatten, so sehr mit Wasser gefüllt, dass dieses die Pflanzenwurzeln von allein erreichte. Das bedeutete für unsere Wichtel, dass sie einen ganzen Tag lang nicht zu arbeiten brauchten. Diesen Tag werden die Wasserwichtel bestimmt nicht so bald vergessen.

Die Erdmännchen

Es war einmal ein wunderschöner Spätsommertag. Die Sonne schien warm. Ich hatte schon einen längeren Waldspaziergang hinter mir, als ich zu einer kleinen Lichtung kam. Dort legte ich mich ins weiche Gras, um mich ein wenig auszuruhen. Als ich so vor mich hin träumte, fiel mein Blick auf einen kleinen Sandhaufen mitten auf der Lichtung. Es schien mir, als ob sich dort etwas bewegte, und als ich genauer hinschaute, entdeckte ich, dass es Erdmännchen waren, die dort irgend etwas taten.

Ihr werdet fragen, was Erdmännchen sind. Nun, Erdmännchen, auch Wasserwichtel genannt, gehören zur Familie der Wichtel und haben in der Natur wichtige Aufgaben zu erfüllen. Von den bekannteren Zwergen unterscheiden sich die Wichtel in der Hauptsache in Folgendem:

1. Wichtel sind viel kleiner.
2. Wichtel haben keine Zauberkräfte.
3. Böse Wichtel gibt es nicht.
4. Zwerge sind unsterblich, Wichtel nicht.

Unsere Erdmännchen unterscheiden sich von den übrigen Wichteln außer durch ihre Aufgaben vor allem durch ihre Entstehung: Während normale Pflanzenwichtel in Wurzelknoten wachsen – so unterscheidet man z.B. Rosen-, Buchen-, Tulpen-, Gänseblümchen- und andere Pflanzenwichtel -, so entstehen die Erdmännchen tatsächlich aus Wasser, wie ja auch schon ihr anderer Name „Wasserwichtel“ sagt. Und das geschieht so: Wenn die Erdmännchen feststellen, dass es nicht genügend von ihnen gibt, um alle anfallenden Arbeiten zu erfüllen, so graben sie im Herbst ganz kleine Schächte. Dann gehen sie zu einer guten Fee und bitten sie um ein Stück ihres Schleiers. Damit werden dann die Schächte ausgelegt. Im Spätherbst sammelt sich Wasser in diesen Schächten und gefriert im Winter zu Eis. Wenn im Frühjahr die Sonne das Erdreich wieder erwärmt, wird dieses Eis aber nicht wieder zu Wasser, sondern aus jedem dieser kleinen Eiszapfen wird ein ebenso kleines Erdmännchen.

Nun werdet ihr vermutlich wissen wollen, ob diese kleinen Wesen Feinde haben, wozu es sie überhaupt gibt, und wieso es überhaupt zu wenig geben kann. Also, da kann ich euch beruhigen. Feinde haben unsere Erdmännchen nicht. Und deshalb kennen sie auch keine Angst. Ihre Aufgabe besteht in der Wasserversorgung der Pflanzen. Außerdem haben sie dafür zu sorgen, dass das Regenwasser immer schnell im Boden versickert. Dazu bauen sie richtige Schächte und Kanäle, die das Wasser zu den Wurzeln und auch zu den unterirdischen Quellen führen, damit kein Bach so leicht versiegt. Dabei arbeiten sie sehr gut mit Ameisen, Regenwürmern, Maulwürfen und manchmal auch mit Mäusen und Ratten zusammen. Lediglich in sehr ausgedehnten Waldgebieten mit besonders viel Wasser lassen sie die groben Arbeiten vom Wasser-, Tief- und Dammbauunternehmen „Biber“ erledigen.

Es gibt allerdings zwei Gefahren für das Leben unserer kleinen Helfer. Die eine Gefahr ist die Sonne, obwohl die Sonnenstrahlen zu den besten Freunden der Erdmännchen gehören. Wenn nämlich die Sonne viele Tage lang geschie-nen, das Erdreich ganz hart gemacht und den Grundwasserspiegel stark abgesenkt hat, können die Wichtel nicht mehr genug Gänge graben, um mit ihren kleinen Gießkannen das Wasser zu den Pflanzenwurzeln zu bringen.

Bevor jetzt aber eine Pflanze verdurstet, legt sich ein Wasserwichtel selbst an die Wurzel, wird wieder zu Wasser und ermöglicht der Pflanze für eine weitere Zeit das Überleben. Für die Erdmännchen ist dies` übrigens das Natürlichste der Welt. Die andere Gefahr ist der Frost, obwohl, wie wir gehört haben, gerade er notwendig ist, damit neue Wasserwichtel entstehen können. Frost macht die Erde hart und fest. Wenn nun ein Erdmännchen gerade an der Oberfläche zu tun hat und dabei nicht merkt, dass es zu frieren beginnt, kann es passieren, dass es auf dem Weg in die warme Erde die Eingänge zugefroren findet. Das macht aber dann nichts, wenn in der Nähe eine gute Fee wohnt, bei der das Erdmännchen den nächsten Frühling abwarten kann. Ist das aber nicht der Fall, so legt sich das Erdmännchen einfach auf den Boden, schläft ein und lässt sich vom Schnee zudecken. Taut dann der Schnee im nächsten Frühjahr, so schmilzt auch unser Erdmännchen mit fort. Kommt aber zwischenzeitlich eine gute Fee des Weges und sieht ein schlafendes Erdmännchen, so kann sie es zwar nicht aufwecken. Berührt sie es mit ihren Schleier, so blüht dort, wo das Erdmännchen eingeschlafen war, im sehr zeitigen Frühjahr – oft schon im Schnee – eine kleine weiße Blume, die wir Menschen Schneeglöckchen nennen.

Ein Tag im Leben eines Buchenwichtels

Es war einmal ein Buchenwichtel. Es lebte zusammen mit vielen anderen im Wurzelgeflecht seines Baumes. Bekanntlich gehört jedes Wichtel zu einer ganz bestimmten Pflanze. Je nach Größe haben nun die einzelnen Pflanzen unterschiedlich viele Wichtel, weil beispielsweise zur Versorgung eines Gänseblümchens nun einmal weniger Wichtel gebraucht werden als zur Versorgung eines großen Baumes.

Als alle Wichtel aufgestanden waren, zusammen gefrühstückt und den Tag mit einem frohen Lied willkommen geheißen hatten, verteilte das Oberwichtel die Aufgaben. Unser Wichtel erhielt den Auftrag, den Baum auf kranke Stellen hin zu untersuchen. Sofort huschte unser Freund schneller als ein Eichhörnchen bis in die höchste Spitze des Baumes und begann mit seiner Arbeit. Mit einem kleinen silbernen Hämmerchen wurden jeder Ast und jede Stelle des Baumes abgeklopft. Am Klang kann man dann erkennen, ob das Holz gesund ist. Anfangs kam unser kleiner Freund recht gut voran. Doch am frühen Nachmittag geschah es: An einer – sogar recht großen – Stelle des Stammes klangen die Hammerschläge dumpf. Das war ein Alarmzeichen! Hier war der Baum krank! Was war nun zu tun? Unser Wichtel wusste Rat: Zuerst wurde die kranke Stelle mit der Rückseite des Hämmerchens markiert. Dann holte unser Freund eine kleine Flöte aus der Tasche und spielte darauf eine ganz bestimmte Melodie. Die Töne waren so hoch, dass nur Spechte sie hören können. Und da jeder Baum seine ganz eigene Melodie hat, weiß jeder Specht, der eine solche Melodie hört, sofort, wo er gerade benötigt wird. Seine Aufgabe ist es dann, die kranken Stellen zu säubern, das faule Holz herauszumeißeln und so die weitere Verbreitung der Krankheit zu verhindern.

Es dauerte auch gar nicht lange, und ein großer Buntspecht kam angeflogen. Als er die von Wichtel markierte Stelle sah, machte er sich sofort an die Arbeit, und schon nach kurzer Zeit lag ein ordentlicher Haufen Holzspäne unter der Buche. Dabei fand der Specht übrigens auch den Verursacher der Krankheit. Es war einer der gefürchteten Borkenkäfer, die das Holz faulig machen und so – wenn sie nicht rechtzeitig entdeckt werden – ganze Bäume morsch werden lassen können. Für Spechte sind Borkenkäfer übrigens eine Delikatesse, und so wurde auch dieser mit Genuss verspeist. Bald schon merkte der Specht, dass der Borkenkäfer seine Zerstörungsarbeit im Innern des Baumes noch viel weiter fortgesetzt hatte, als es von außen schien. Doch als der Tag zuende ging, war die Aufgabe erfüllte. Es war nicht nur ein Loch entstanden, sondern eine richtig große Höhle. Plötzlich begann der Specht ganz laut und schnell mit seinem Schnabel auf festes Holz zu trommeln, so dass alle Wichtel, die sich nach getaner Arbeit unter dem Baum versammelt hatten, ganz erschrocken nach oben schauten. Nach kurzer Zeit rauschte es in der Luft, und ein zweiter Buntspecht erschien. Es war die Frau des ersten. Als sie sich das Werk ihres Mannes gründlich angesehen hatte, fand sie, dass sich diese Höhle in der Tat hervorragend für ein Nest eignete. Als die Wichtel das hörten, beschlossen sie, dass ab sofort jeden Tag zwei von ihnen das Nest bewachen sollten, wenn beide

Spechte auf Futtersuche sind.

Inzwischen war die Sonne untergegangen. Die Tiere des Waldes suchten ihre Schlafplätze auf. Unsere beiden Spechte kletterten in ihre Höhle, und auch die Buchenwichtel krochen in ihre warmen Verstecke im Wurzelgeflecht des Baumes. Das war wirklich ein ereignisreicher Tag gewesen.

Der Hagebuttentag

Es war einmal ein warmer Herbsttag. Der Sturmvogel war schon mehrmals mit kräftigem Flügelschlag durch den Rosenbusch am Waldrand geflogen und hatte die ersten Blätter mitgenommen. Die Sonne war gerade aufgegangen, und im dichten Wurzelgeflecht erwachten die ersten Rosenwichtel. Als sich alle den Schlaf aus den Augen gerieben hatten, konnte der so heiß ersehnte Tag beginnen! Denn dies` war kein Tag wie jeder andere, sondern heute war endlich DER große Festtag im Rosenjahr gekommen, der Hagebuttentag.

Zu den kleinsten Rosenwichteln, die in diesem Jahr ihren ersten Hagebuttentag erleben sollten, gehörte Max, auch Klettermax genannt, der beste der diesjährigen Nachwuchswichtel. Max hatte seine Blüte das ganze Jahr lang so gut gepflegt, wie es sich für ein gutes Rosenwichtel gehört. Auch später, als aus der Blüte eine Hagebutte wurde, rieb er diese morgens stets gründlich trocken und versah sie dann sorgfältig mit dem amtlichen Tagesanstrich. Heute nun waren alle Hagebutten fertig.

Als sich alle Rosenwichtel versammelt hatten, gab das älteste von ihnen unserem Klettermax ein Zeichen. Max ging an den Wurzelschrank, der nur am Hagebuttentag geöffnet werden darf, nahm eine darin liegende silberne Säge und einen goldenen Bohrer heraus und steckte beides in die Tasche. Dann kletterte er ganz allein hinauf zu seiner Hagebutte. Dort nahm er den Bohrer zur Hand und begann, an einer vorher markierten Stelle direkt am Stielansatz die feste Hülle der Rosenfrucht zu durchbohren. Anschließend erweiterte er dieses Loch mit der Säge zu einer ovalen Öffnung, die so groß war, dass ein Wichtel eben hineinschlüpfen konnte. Endlich war alles fertig.

Auf ein bestimmtes Klopfzeichen hin machte sich das älteste Wichtel auf den Weg zu Maxens Hagebutte und verschwand darin. Max folgte ihm. Drinnen nahm das alte Wichtel den dort bereitliegenden Hagebuttenmantel und legte ihn Max um die schmächtigen Schultern. Als die beiden anschließend die Hagebutte verlassen und auch die Öffnung wieder sorgfältig verschlossen hatten, setzten sie sich auf ein Blatt und flogen hinab zur Erde.

Als sie bei den übrigen angekommen waren, gab es ein großes Hallo! Max durfte sich nun 1. Hagebuttenmann nennen. Dann setzt ein großes Gerenne ein, wollte doch jedes Wichtel möglichst schnell seine Hagebutte erreichen und auch den Hagebuttenmantel anziehen. Schließlich fanden sich alle Rosenwichtel – die jetzt Hagebuttenmänner geworden waren – wieder im Wurzelgeflecht ein. Man trank Rosenwurzelsaft, sang, tanzte, und ein Regenwurm, der ge-rade vorbei kam, zeigte kleine Kunststückchen. So feierten sie den Hagebuttentag, der in jedem Jahr das Ende der Ar-beit und zugleich das Ende des Rosenjahres darstellt.

Als die Sonne unterging, gingen auch die Wichtel schlafen. Im nächsten Jahr werden bestimmt wieder die Sonnenstrahlen kommen und die Rosenwichtel wecken, damit ein neues Rosenjahr beginnen und der Rosenstrauch wieder blühen kann.

Frühjahrsputz am Rosenbusch

Es war einmal ein warmer Frühlingsmorgen. Der Schneehase hatte sich endgültig in sein Sommerhaus am Nordpol zurückgezogen, und in Feld und Flur öffneten die ersten Blumen ihre Blüten. Wie an jedem Morgen, so hatte die Sonne auch heute ihre Strahlen um sich versammelt, um ihnen die Aufgaben für den neuen Tag zuzuteilen, waren doch wieder so wichtige Dinge zu erledigen wie Igel aus dem Winterschlaf wecken, traurige Menschen froh machen, Eisreste auf Teichen und Bächen beseitigen und vieles mehr.

Ein Sonnenstrahl erhielt den Auftrag, den alten Rosenbusch am Waldrand für den Sommer herzurichten. Er flog also los. Aber als er sein Ziel erreicht hatte, musste er zu seinem Schrecken feststellen, dass der Schneehase – ein recht unordentlicher Geselle – auf dem Rosenbusch ein großes Stück seines weißen Schneetuches liegengelassen hatte. Was jetzt? Nun, der Sonnenstrahl wusste sich zu helfen. Schließlich hatten andere Strahlen bereits am Vortag das Erdreich am Fuße des Rosenbusches so weit aufgelockert, dass unser Sonnenkind mühelos bis in das dichte Wurzelgeflecht vordringen konnte, wo die Rosen- und Wasserwichtel einträchtig zusammen schliefen. Als der Sonnenstrahl den Schlafraum erreicht hatte, zog er einen kleinen Beutel voller Sonnenstaub aus der Tasche und blies hinein. Die Staubkörner wirbelten durch die Luft und setzten sich unter die Nasen der Wichtel, so dass diese niesen mussten. Mit einem lauten „Hatschi!“ wachten sie auf und sahen den Sonnenstrahl vor sich stehen. Dieser rief: „Kommt, meine Freunde! Das neue

Rosenjahr beginnt, und auch Euer Rosenstrauch soll wieder blühen!“

Als die Wichtel das hörten, sprangen sie auf, und sogleich setzte eine große Betriebsamkeit ein: Die Wasserwichtel fingen erst einmal an, ihre Gießkannen und Schaufeln zu säubern und – soweit nötig – zu reparieren. Eine Gruppe Rosenwichtel machte sich daran, die Wurzeln des Busches zu reinigen, was insbesondere bei den haarfeinen Wurzelspitzen ein recht mühsames Unterfangen war. Die übrigen Wichtel kletterten munter zusammen mit dem Sonnenstrahl an die Erdoberfläche, um den Rosenbusch gründlich sauber zu machen. Dazu rief der Sonnenstrahl zunächst einige Geschwister herbei. Gemeinsam rückten sie den Schneeresten zu Leibe und trockneten anschließend alle Äste und Zwei-ge gut ab. Währenddessen blieben auch die Rosenwichtel nicht untätig. Sie lüfteten nämlich die Erde im Bereich der Wurzeln gut durch. Als dann die Sonnenstrahlen ihre Arbeit beendet hatten, kletterten die Wichtel in den Busch und begannen, mit ganz feinen Bürsten und Tüchern die Rinde zu polieren. Zum Abschluss bekam der ganze Busch einen hauchdünnen Anstrich mit der Rosenbuschfrühlingsfarbe Nr. 1.

Als der Tag zuende ging, war der Frühlingsputz geschafft. Rechtschaffen müde suchten die Wichtel ihre Schlafplätze auf, und die Sonnenstrahlen flogen heim, um im Abendrot neue Kraft zu sammeln für den nächsten Tag.

Frühling, Sommer, Herbst und Winter

Jahreszeiten

Advent im Frühling?
Frühling im Advent?
Advent, eine Art Frühling?
Frühling, eine Art Advent?

Advent. Zeit der frohen Erwartung.
Frühling. Zeit des Erwachens.
Advent. Weg zur hemmungslosen Freude.
Frühling. Weg zum blühenden Leben.

Advent. Zeit des Erwachens.
Frühling. Zeit der frohen Erwartung.
Advent. Weg zum blühenden Leben.
Frühling. Weg zur hemmungslosen Freude.

Advent im Frühling.
Frühling im Advent.
Advent, eine Art Frühling.
Frühling, eine Art Advent.

Weihnachten im Sommer?
Sommer an Weihnachten?
Weihnachten, eine Art Sommer?
Sommer, eine Art Weihnachten?

Weihnachten. Hemmungslose Freude.
Sommer. Hohe Zeit des Lebens.
Weihnachten. Erfüllung allen Hoffens.
Sommer. Zeit der Wärme.

Weihnachten. Hohe Zeit des Lebens.
Sommer. Hemmungslose Freude.
Weihnachten. Zeit der Wärme.
Sommer. Erfüllung allen Hoffens.

Weihnachten im Sommer.
Sommer an Weihnachten.
Weihnachten, eine Art Sommer.
Sommer, eine Art Weihnachten.

Pfingsten im Herbst?
Herbst an Pfingsten?
Pfingsten, eine Art Herbst?
Herbst, eine Art Pfingsten?

Pfingsten. Zeit der Erfüllung.
Herbst. Zeit der Ernte.
Pfingsten. Endpunkt des Blühens.
Herbst. Leiser Nachklang großer Freude.

Pfingsten. Zeit der Ernte.
Herbst. Zeit der Erfüllung.
Pfingsten. Leiser Nachklang großer Freude.
Herbst. Endpunkt des Blühens.

Pfingsten im Herbst.
Herbst an Pfingsten.
Pfingsten, eine Art Herbst.
Herbst, eine Art Pfingsten.

Karfreitag im Winter?
Winter an Karfreitag?
Karfreitag, eine Art Winter?
Winter, eine Art Karfreitag?

Karfreitag. Zeit ohne Licht.
Winter. Zeit des Todes.
Karfreitag. Atemholen zwischen Vergehen und Neubeginn.
Winter. Harte, schwere Zeit.

Karfreitag. Zeit des Todes.
Winter. Zeit ohne Licht.
Karfreitag. Harte, schwere Zeit.
Winter. Atemholen zwischen Vergehen und Neubeginn.

Karfreitag im Winter.
Winter an Karfreitag.
Karfreitag, eine Art Winter.
Winter, eine Art Karfreitag.

Spätsommerlied

Spinnenweben schweben
Zwischen Birken leis` zu Boden,
und zwischen Tannen
ein fast vergess`ner Sonnenstrahl.
Ein Vogel singt sein Lied
der untergeh`nden Sonne nach.

Am Weg ein Pilz, und um ihn her
verwelkte Gräser nur und Laub.
Am Rand der Wiese, dicht am Wald,
äst ein Reh.
Ein Vogel singt sein Lied
Der untergeh`nden Sonne nach.

Frühling

Die grauen Nebel werden lichter,

und auf grau-schattige Gesichter,

auf Haut, oft matt, stumpf, gelblich-fahl,

fällt irgendwann ein Sonnenstrahl,

der tief ins müde Herz vordringt

und ganz allmählich Freude bringt.

So, wie täglich der Sonne Glut

an Kraft gewinnt, stets neuen Mut

Vogelgesang den Menschen bringt

Und den Blick in die Höhe zwingt,

spürt man in frühlingsblauer Klarheit

im Herzen lebensfrohe Wahrheit.

Osterlied

Christ ist erstanden,
er bracht` der Schuld den Tod!
So klingt`s in allen Landen;
Dank Dir, Du treuer Gott!

Christus ist auferstanden,
und wir sind endlich frei
von Furcht, erlöst von Banden,
und ich bin mit dabei!

Ich darf endgültig wissen:
Verloren hat der Tod
den Kampf um mich, zerrissen
hat ihn mein Herr und Gott.

Darum wollen wir preisen
Dich, Vater, - wir sind frei! -,
mit Amseln und mit Meisen,
und ich bin mit dabei!

Insel im Nordseewind

Oh Du, meine Insel im Nordseewind,
Dich lernte zu lieben ich schon als Kind.
Im Hafen, da kitzelt die Seeluft die Nase,
und abends am Strand schimmert Rotwein im Glase.
Deine Dünen sind hoch, und der Strand ist so breit,
das Auge wird klar und das Herz wieder weit.

Ich lieb` Deine Dünen, die Heide, den Strand,
Deine Kirchen, das Seemannsdenkmal, den Sand,
die unendliche Weite, sie tut mir so gut,
und das Atmen des Meeres in Ebbe und Flut.
Du bist für uns ein gar seltenes Glück,
gibst Du uns doch schließlich uns selbst zurück.

Ich lieb` Dich noch heute wie damals als Kind,
oh Du, meine Insel im Nordseewind.

Herbstbild

Wenn raschelnd durch das braune Laub
des Herbstes meine Spur sich suchend windet,
umspielen mich die letzten Sonnenstrahlen
wie Kinder einer schönen, doch vergang`nen Welt.
Und dort, in jenen braunen Blättern,
die wie ein Schläfer müde sich zur Ruhe legen,
erkenn` ich tausend bunte Bilder,
ausgemalt mit hellen wie mit dunklen Stunden,
in denen gleichsam wie in einem Bleiglasfenster
in einem kühlen, hohen Dome
das Leben sich zur Ruhe wiederfindet,
um dann nach kaltem Winters eis`ger Pracht
hinaufzusteigen in die neu erblüh`nde Wärme
des jungen Frühlings
auf ein Buchenblatt.

Der Stern zu Bethlehem

Kennt Ihr zu Bethlehem den Stern,
den Stern über dem Stall?
Er leucht` uns allen, nah und fern,
weit über Berg und Tal.

Habt Ihr denn auch das Kreuz gesehen,
das mitten in ihm ist?
Das zeigt den Weg, den kam zu gehen
Unser Herr Jesus Christ.

Das Kreuz weist bis auf Ostern hin,
wo Christ bezwang den Tod.
Hier liegt von Weihnachten der Sinn,
das wahre End` der Not.

Die Gnade Gottes gilt weltweit,
sie ist Weihnachtens Kern.
Wie sie dann wurde Wirklichkeit,
das zeigt das Kreuz im Stern.

Ein Wintermärchen

Es war einmal eine kalte, klare Winternacht. Tief bogen sich die Zweige der Bäume unter der Last des Schnees. Der Frost knackte in den Bäumen und im Eis des nahen Sees. Die Sterne blinkten vom Himmel, und der Mond ergoss sein kaltes Licht über das verschneite Land, über den See und über das wie vergessen wirkende Dorf am Ufer. Es war so kalt, dass sogar die Eulen, die sonst in jeder Nacht zur Jagd flogen, dick aufgeplustert in ihren Verstecken blieben, in denen sie sonst die Tage zu verschlafen pflegten. Tiefe Stille lag über dem Land. Ab und zu löste sich ein Stern vom Himmel, zog einen langen leuchtenden Schweif hinter sich her und verschwand im Dunkel der Nacht.

Wieder löste sich ein Stern von seinem Platz. Er verschwand jedoch nicht in der Nacht, sondern fiel auf die Erde und setzte sich auf die Spitze einer ganz kleinen Tanne am Rand einer Lichtung mitten im Wald. Er strahlte dort so warm, dass der ganze Schnee rings um den Baum schmolz, und doch verbrannte er den Baum nicht. Sein Licht war so hell, dass alle Tiere des Waldes erwachten und zu der Lichtung kamen, an der das Bäumchen stand. Und sie kamen alle, die Rehe und Hirsche, die Hasen und Füchse, die Mäuse, Eulen, Frösche, Krähen und alles, was Füße oder Flügel hat. Sogar die Regenwürmer kamen aus der Erde und ringelten sich auf dem Waldboden. Selbst der riesige Bär, der im dichten Unterholz seinen Winterschlaf hielt, erhob sich und trottete ebenfalls zur Lichtung. Als er aber so viele Tiere bei einander sah, erwachte in ihm sogleich ein großer Appetit, und er wollte sich sogleich auf ein Reh stürzen, das dicht bei ihm stand. Doch in diesem Augenblick begann der Stern zu sprechen. „Halt ein, lieber Bär," sagte er. „Tötest du jetzt, so wirst auch du diesen Winter nicht überleben. Ihr Tiere und Pflanzen des Waldes, hört mich an! Der Herr aller Tiere und Pflanzen, von dem ihr kommt, und zu dem ihr alle irgendwann einmal auch wieder gehen werdet, sagt euch: Diese Nacht ist meine Nacht. In dieser Nacht soll niemand sterben oder leiden. Der Schnee wird weich sein und eure Läufe nicht verletzen. Unter seiner Last wird kein Zweig brechen. Der Wind wird ruhen und Fell und Gefieder nicht durchdringen. Auch Hunger wird nicht sein. Mit dieser Nacht gibt euch der Herr ein Zeichen, dass er euch nicht vergessen hat. So wird diese Nacht ein Blick in jene Zeit sein, in der ihr alle bei ihm sein werdet."

Da sprach ein Falke, der auf der Durchreise war und in diesem Wald übernachtete: „Lieber Stern, wenn unser Oberfalke, Oberhase und Oberbaum, kurz, wenn uns unser Herr dieses Geschenk macht, so können wir uns freuen. Aber ich habe in meinem Leben schon viele Länder gesehen. Darum verstehe ich eines nicht: Wir Tiere töten und fressen nur, was wir zum Leben brauchen. Die Menschen aber töten und quälen einander und uns, ohne sich und uns zu fressen. Wenn unser Herr auch der Obermensch ist, warum fängt er nicht bei denen an? Brauchen die ein solches Zeichen nicht noch viel nötiger als wir?" Die anderen Tiere nickten zustimmend. Da antwortete der Stern: „Lieber Falke, du hast scharfe Augen und einen klugen Verstand. Darum wisset, ihr Tiere und Pflanzen: Vor langer Zeit einmal gab unser Herr auch den Menschen ein Zeichen. Er ging sogar selbst zu ihnen und wurde Mensch. Doch sie erkannten ihn nicht und töteten ihn, weil er ihnen zu unbequem wurde. Aber er lebt weiter. Zum Glück gab es einige wenige Menschen, die ihn erkannten. Auch heute gibt es sie. Es sind zwar immer noch sehr wenige, doch langsam werden es mehr. Ihr Tiere und Pflanzen, auch wenn die allermeisten Menschen so dumm sind, dass man es kaum aushalten kann, so wird doch einmal der Tag kommen, an dem der Mensch mit seinesgleichen und mit euch Frieden schließen wird. Und nun geht wieder, ruht euch aus, und vergesst meine Worte nicht."

In diesem Moment setzt leichter Schneefall ein, denn der Himmel hatte sich unmerklich bezogen. Die Tiere suchten still wieder ihre Verstecke auf, und der Schnee bedeckte ihre Spuren. Als alles wieder seine Ordnung hatte, wurde unser Stern sehr müde. Darum ließ er sich von seinem Bäumchen in den weichen Pulverschnee fallen. Dort erlosch er. Tiefe Stille lag wieder über dem Land. Der Frost knackte in den Bäumen und im Eis des nahen Sees. Nach einiger Zeit hörte auch der Schneefall auf, und das Licht des Mondes ergoss sich wieder über das verschneite Land, den See und das wie vergessen wirkende Dorf an seinem Ufer. Doch das Licht des Mondes war nicht mehr kalt.

Jahreswende

Viel Knallerei, viel Feuerwerk,
viel Fröhlichkeit.
Sonst nichts?
Ein wiederkehrend` Kalendertag,
ein alter Brauch.
Sonst nichts?
Sind Knallerei und Feuerwerk
allein gewollt?
Sonst nichts?
Sind Fröhlichkeit und Spaß und Freud`
denn alles?
Sonst nichts?
Nach Knallerei und Feuerwerk
verbleibt nur Rauch?
Sonst nichts?

Gedanken

Atlantis

Lasst uns die Schiffe von Atlantis sein
Und so wie diese stets die Fracht bewahren,
die in uns ist,
damit Atlantis niemals stirbt,
die Insel,
fern und doch so nah`
in uns.

Lasst uns dazu die Kindheit nicht vergessen,
dies` *Trotzdem*, das uns ausgesandt
in uns`re kalte Welt,
damit Atlantis niemals stirbt,
die Insel,
fern und doch so nah`
in uns.

Lasst uns die Hoffnung stets dabei bewahren,
mit der wir einst von unserer Insel fuhren
aufs weite Meer hinaus,
damit Atlantis niemals stirbt,
die Insel,
fern und doch so nah`
in uns.

Lasst uns die Schiffe von Atlantis sein
Und so wie diese stets die Fracht bewahren,
die in uns ist,
damit Atlantis niemals stirbt,
die Insel,
fern und doch so nah`
in uns.

Leben, Irren, Menschen

Es lebt der Mensch im Irren
Es lebt das Irren im Menschen
Es irrt der Mensch im Leben
Es irrt das Leben im Menschen
Es menscht das Irren im Leben
Es menscht das Leben im Irren.

Es lebt der Mensch im Denken
Es lebt das Denken im Menschen
Es denkt der Mensch im Leben
Es denkt das Leben im Menschen
Es menscht das Leben im Denken
Es menscht das Denken im Leben.

Es lebt das Irren im Denken
Es lebt das Denken im Irren
Es irrt das Denken im Leben
Es irrt das Leben im Denken
Es denkt das Irren im Leben
Es denkt das Leben im Irren.

Der rote Faden

Angst

Es war einmal ein kleines Mädchen, das sagte zu seinem Vater:“ Du, Vati, ich hab` Angst“! Auf die Frage, wovor es denn Angst habe, wiederholte es immer nur den einen Satz: „Ich hab` Angst“. Da begann der Vater, seiner Tochter eine Geschichte zu erzählen, eine Geschichte aus uralter Zeit. Es war die Sage von *Theseus*, *Ariadne* und dem Labyrinth auf Kreta. Das Mädchen versuchte immer wieder, ihn zu unterbrechen, und sagte diesen einen Satz, dass es doch Angst habe. Scheinbar überhörte der Vater diese Einwürfe.

Bekanntlich endet die Situation auf Kreta damit, dass das Mädchen *Ariadne* dem *Theseus* mit Hilfe eines Fadens hilft, wieder den Ausgang aus der Hölle des Grauens zu finden, nachdem er den Unhold *Minotaurus* getötet hat. An dieser Stelle zeigte nun der Vater, dass er die Angst seiner Tochter sehr wohl ernst genommen hatte, denn er brach die Sage ab und fuhr so fort: „Hätte der Königssohn *Theseus* nicht die Bereitschaft gehabt, für andere Menschen - die mitgereisten Kinder, die zusammen mit ihm von dem Minotaurus gefressen werden sollten - , zu versuchen, was bis an die äußerste Grenze seiner Kräfte ging, so wären damals das Grauen und die Angst nicht überwunden worden. Hätte er aber den Faden nicht gehabt, so wäre er wohl trotz seines Mutes in dieser Hölle der Angst umgekommen. Du wirst mich nun fragen, mein Kind, was diese Sage aus uralter Zeit mit deiner Angst zu tun hat. Nun, ich denke, eine ganze Menge: Das Labyrinth von damals ist deine Welt von heute mit allen ihren Ängsten und Sorgen. Der Kampf des *Theseus* mit dem Ungeheuer *Minotaurus* ist deine Auseinandersetzung mit den Dingen des täglichen Lebens.

Genauso, wie *Theseus* die Möglichkeit gehabt hätte, sich vor Angst selbst zu töten, so gibt es Menschen, die als Ausweg nur die Möglichkeit eines sogenannten *Freitodes* sehen. Sie bringen sich tatsächlich selbst um! Freitod heißt aber eigentlich *Frei gewählter Tod.* Und gerade deshalb ist dieses Wort falsch! Denn diese Menschen wählen ihn nicht frei, sondern sie lassen sich von der Angst im wahrsten Sinne des Wortes *tot drücken.* Es ist klar, dass die Angst diese Chance nur dann hat, wenn der Faden fehlt. Du wirst jetzt fragen, was der Faden für dich ist. Nun, den Faden bekam *Theseus* von *Ariadne*, weil sie ihn liebte. So gab ihm letztlich die Liebe die Kraft und Fähigkeit, die Angst zu überwinden. Dein Faden ist das Wissen, dass es Menschen gibt, denen du etwas bedeutest, die dich lieben, wie deine Geschwister, deine Schulfreunde und nicht zuletzt deine Eltern. Denke immer daran, dass die Angst so lange keine wirkliche Chance hat, wie du auch nur ein noch so dünnes Fädchen in der Hand hast. Bewahre dir diesen Faden, mein Kind".

Das Mädchen war sehr nachdenklich geworden. Nach einer längeren Pause sagte es: „Du, und wenn man dann noch bedenkt, dass Jesus und der liebe Gott mich lieb haben, dann müsste dieser Faden doch immer halten, nicht?"

Bilder

Da war ein Nichts,
und das war unermesslich viel.
In diesem Nichts warst Du.
Wir nennen es Deinen Geist,
doch es war mehr, viel mehr!
Du formst Dich grenzenlos zu Bildern
Und erschaffst so Welten.
Uns schufst Du zu Deinem Bilde.
Darum können auch wir in Bildern denken.
Doch unsere Bilder sind nicht die Deinen.
Sie haben Grenzen, enge Grenzen.
Wo wir an diese stoßen,
denken wir abstrakt, weil wir glauben,
sie so überschreiten zu können.
Aber erst dann, wenn wir beginnen,
unsere Grenzen anzunehmen
und uns auf Deine Bilder einzulassen.
Wird Nähe möglich.
Deine Nähe.
Manche nennen sie
Gnade.

Du

Du bist es, der unendlich fern
Und gleichsam wie in einer anderen Welt
Ganz nah mir ist.
Ich suche Dich zu fangen so,
wie man seinen eig`nen Schatten nie erreicht
und dabei zögernd früh verharrt
in Ruhelosigkeit.
Von dieser Ruhelosigkeit bleibt nur ein Rauschen,
das wie ein Wind sich schnell vergisst,
wenn es Dein Nahesein,
das doch in Wirklichkeit so ferne
wie einen warmen Südwind wohlig spürt.

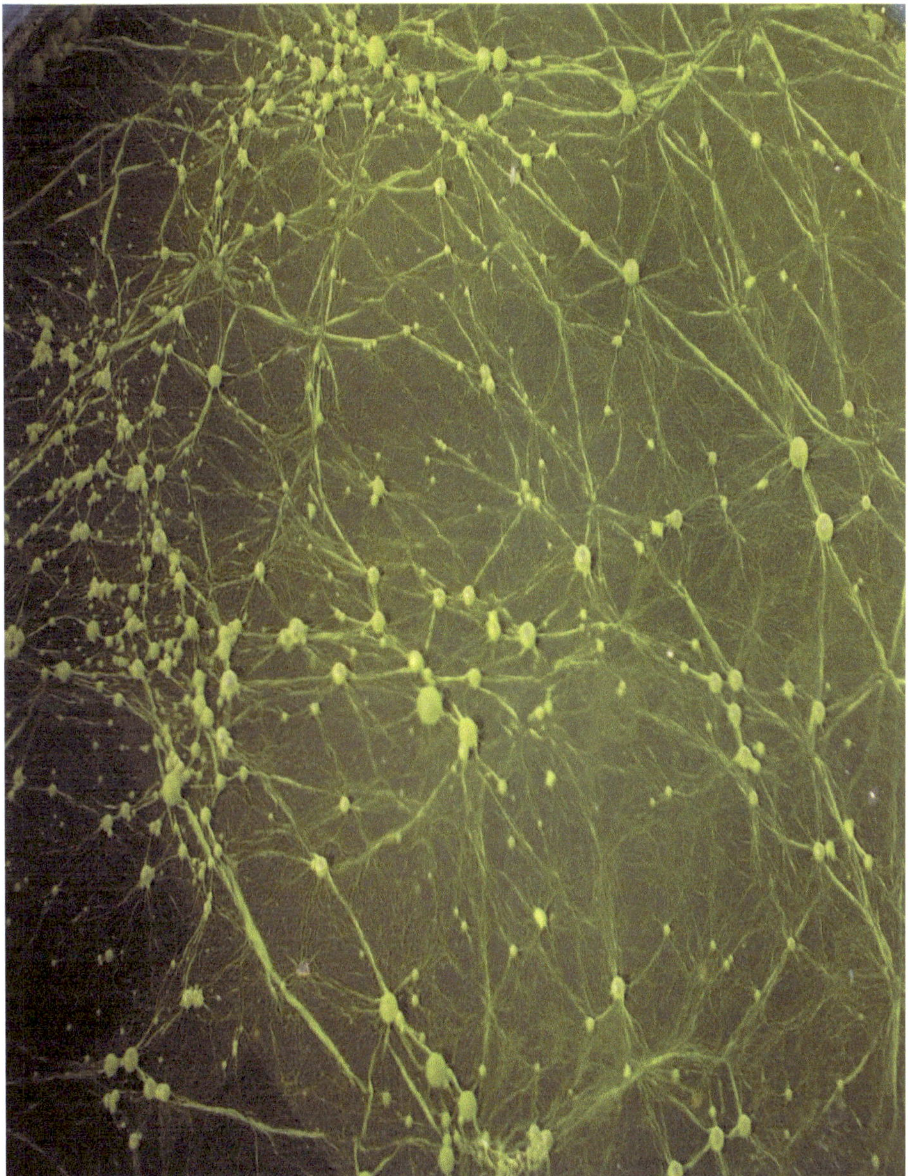

Die Zeder

Es gab eine Zeder im Heiligen Land,
die dort stand.

Es dauerte zwar viele Jahre, doch bald
war da ein Wald

von Zedern, die aus ihren Früchten entstanden,
die Wasser dort fanden.

Später schlugen dann Menschen einige um.
Das war nicht dumm,

denn schließlich brauchten sie Balken und Bretter
bei jedem Wetter,

und sägten sie für Tische, Kreuze und Stühle
in der Sägemühle.

Man wollte beenden Jesu Lebenslauf
und hängte ihn auf.

Doch das ging daneben: Obgleich sie ihn banden,
ist er auferstanden.

Das Kreuz wurde später vermutlich verbrannt,
soweit bekannt.

Es gibt heut` noch Zedern im Heiligen Land,
wo die eine stand.

Seefohrt

Jedeen vun uns is `n Schipper,
he seilt sien Lebensschipp.
Dat Roor vun disset Schipp het he vun den GROOTEN REEDER kreegen.
Den Hoben ober, wo wi hen schulln, den het he us dorbie nich vertellt.
Wi seilt man blots „för Order“.
Ober seiln möt wi man sülvst,
jedeen för sick alleen.

Un as dat bis de Seefohrt nu mol is,
so gifft dar ok Bojen und Blinkfüer.
Mennigmol find wi ok een Oort „Kompanieschipp“,
mit de wi tosomen seilt.
Jo, wi mokt denn blots een Navigatschoon tosomen.
Ober seiln möten wi man sülvst,
jedeen för sick alleen.

Un denn ist` t so wiet,
dat de Reeder us in’n Hoben ropen deit.
Denn dreit wi bi un loopt in.
Un denn goht wi bi em in sein Kontor
Mit all de Seekorten un dat Logbook,
denn seiln hebt wi man sülvst dohn,
jedeen för sick alleen.

De Reeder froogt uns denn no de Kurs,
de wi stüert hebbt,
un he frogt uns ok, worüm.
He wull ok weten, worüm wat tweigohn is,
un ok, worüm wie mennigmol bi „SOS“ ni bidreiht hebt,
denn seiln hebt wi man sülvst dohn,
jedeen för sick alleen.

Dat mokt keen Spooß, dat is ni licht,
he geit mit us to Kehr!
Wenn wi ober bi de Navigatschoon dat Krüütz ni vergeeten harrn,
denn is dor no sein Söhn un seggt to den Oln:
„Vadder, lot man goot ween, ik bün sülvst sein Loots weesen“,
ok wenn wi dat Seiln sülvst dohn hebbt,
jedeen för sick alleen.

Denn seggt di de GROOTE REEDER, dat du dien Schipp good stüert hest.
Dien Schipp, dat kümmt in der Werft,
un du hest Tied, di uttorohn.
Wenn de GROOTE REEDER mol wedder `n gooden Schipper brukt,
much ween, dat he di froogt.
Ober seiln mötst du denn wedder sülvst,
wedder för di alleen.

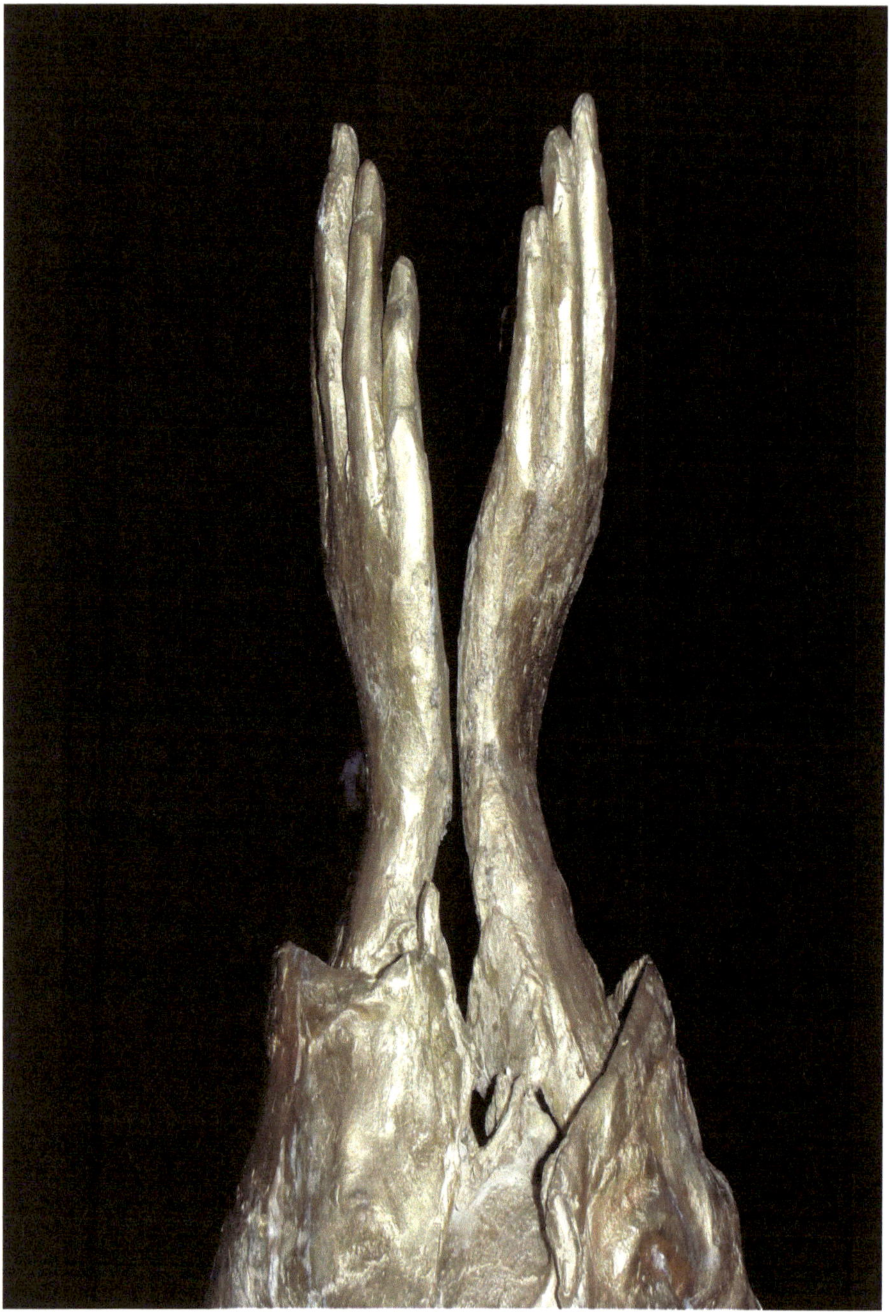

Strandgut

War einst
in einem großen Krieg
ein Greis.
Er hob die Hände
bittend, stumm.
Als man nach ihm dann sah,
da fand man nur
bittende, stumme Hände.

Ist heut`
in einer großen Stadt
ein Weib.
Es hebt die Hände
bittend, stumm.
Wenn man nach ihm dann sieht,
findet man noch
bittende, stumme Hände?

Wird sein
in einem reichen Land
ein Kind.
Es hebt die Hände
bittend, stumm.
Wird, um nach ihm zu sehen,
noch jemand sein, zu finden
bittende, stumme Hände?

Mut

Lass` ihn erlöschen, den Lärm des Tages,
und alles Grelle bring` zur Ruh`.
Das stechend` Licht zu löschen, wag` es!
Trau` diesen neuen Weg Dir zu!

Machst Du Dich aber auf den Weg,
entdeckst Du in der Stille Welt
so manchen unbekannten Steg
und manchen Ton, der nicht so gellt.

Die schönsten Seiten Deines Lebens,
die viel mehr sind als knallig grell,
entdeckst Du ohne viel Aufhebens,
findet für Dich Du das Pastell.

Manchmal

Manchmal,
in ungewissen Stunden,
bin ich der Sand,
der zwischen Deinen Fingern sich verliert
und bleibt im Fallen,
während Ewigkeiten
gedankengleich vorüberziehen.

Vom Fallen

Das Fallen ist es, was wir Leben nennen,
wie Regentropfen gleiten wir durch Raum und Zeit.
Doch auch wenn wir so jagen, hasten, rennen,
seh`n wir nicht mehr als ein Moment der Ewigkeit.

Ein Tropfen ist nur Teil von einem großen Regen.
Er fällt allein, egal, wie lange, wo und wann.
Und so auch wir, die gerne in Gemeinschaft leben,
wir kommen auch allein am Ziel des Weges an.

Wir woll`n mit uns`rem Leben Spuren hinterlassen
In alledem, was uns, so lang` wir sind, umgibt.
Doch können wir in Wahrheit letztlich nicht erfassen,
was es heißt, wenn ein Mensch `nen and`ren wirklich liebt.

Doch kennen Regentropfen Emotionen?
Sind Liebe, Hass und Nähe wahr oder ein Traum?
Sind die Gedanken, die tief in uns wohnen,
am Ende eine Welt in einem ander`n Raum?

Von uns sind Regentropfen Schwestern, Brüder.
Am End` versickern sie im weichen Sand.
Wir aber atmen noch den frischen Flieder
Und fallen dann in Gottes liebe Hand.

Was bleibt

Ihr aber, die Ihr kraftvoll lebt
und permanent nach vorne strebt.
Ihr jagt nach Macht und Geld,
verachtend den, der fällt.
Bedenkt und merket Euch genau:
Egal, ob Mann, egal, ob Frau,
dass Euer Tun und Euer Streben,
die Quintessenz all Eurer Leben,
- ich fasse mich und mach` es kurz –
geringer ist als – Mäusefurz!

Warum eigentlich?

Wir haben viel Stress, sind dauernd in Eile.
Warum eigentlich?

Wir müssen viel haben, dicke Autos fahren.
Warum eigentlich?

Wenn der Wecker morgens klingelt, sind wir schon genervt.
Warum eigentlich?

Im Beruf `was bewegen, heißt, jeder gegen jeden.
Warum eigentlich?

Gefühle sind Schwäche, und Schwäche ist Dummheit.
Warum eigentlich?

Mitmenschlichkeit ist gestrig und Nichtstun Vergeudung.
Warum eigentlich?

Gegen Signale des Körpers nimmt man Medizin.
Warum eigentlich?

Tagein und tagaus tun wir, was andere erwarten.
Warum eigentlich?

Nähe, Liebe und Hoffnung sind nur Illusionen.
Warum eigentlich?

Wir rennen nach Kräften an uns selbst vorbei.

Warum eigentlich?

Die eig`ne Sprache und eig`nen Gefühle sind uns völlig fremd.
Warum eigentlich?

Die Blume am Weg übersehen wir.
Warum eigentlich?

Der Sonnenaufgang mit all seinen Farben geht an uns vorbei.
Warum eigentlich?

Den Duft der Erde nach Regen halten wir für Unsinn.
Warum eigentlich?

Wie sich Gras unter den Füßen anfühlt, haben wir vergessen.
Warum eigentlich?

Wie ein Sturm Kopf und Herz frei macht, kennen wir nicht mehr.
Warum eigentlich?

Wir haben vergessen, wie Mensch zu sein geht.
Warum eigentlich?

Gehen wir doch los und wagen uns in diese andere Welt!
Warum eigentlich

Nicht?

M S C